Attrape ce qui passe !

*La valeur ajoutée des enregistrements issus
des nouvelles technologies*

Attrape ce qui passe !

La valeur ajoutée des enregistrements issus des nouvelles technologies

Nguemeni Rostand Martial

Conception couverture, mise en page :
Nguemeni Rostand Martial

Tous droits de reproduction, de traduction et d'adaptation réservés pour tous les pays.

@ 2018 Nguemeni Rostand Martial

Contacts de l'auteur :

Email : nguemenirostand@gmail.com

Téléphone : +237 699 145 068

Je dédie ce livre à tous ceux qui s'investissent dans les nouvelles technologies de l'information et de la communication pour améliorer le niveau de vie de leurs contemporains.

Table des matières

Un adage français dit que les paroles s'en vont et les écrits restent. Je ne sais pas dans quel contexte un tel dicton est vrai, mais pendants mes études primaires j'y croyait parce que ce n'était pas aisée de se souvenir de tout ce que l'enseignant disait quand nous étions rentrés à la maison. Le cerveau humain retient moins de 50% de ce qu'il entend. Parfois il fallait comprendre le cours, mais très souvent il fallait mémoriser des centaines de pages du cahier pour le restituer lors de l'évaluation. Ce qui nous restait alors c'était la copie manuscrite que nous avions dans nos cahiers. Même à la maison, il nous arrivait très souvent d'oublier tout ce que la maman nous a dit de faire le matin en sortant et quand elle rentrait en soirée, une bonne fessée nous ramenait à l'ordre. C'est un fait indéniable que cette approche a développé notre imagination, mais reconnaissons aussi que c'était un fardeau très lourd à porter pour nos jeunes cerveaux. C'était une gymnastique pénible pour le cerveau et qui laissait peu de place à la créativité, même si les esprits plus brillants finissaient par s'y accoutumer.

Pire encore il se dit chez les africains rompus à la tradition orale qu'un vieillard qui meurt est une bibliothèque qui brûle. Par le passé, on assistait, impuissant et génération après génération à la disparition des richesses culturelles, artistiques, médicales, mathématiques, économiques, géographiques et historiques de nos sociétés. Aucun système d'écriture n'existait et rien ne permettait de transmettre les valeurs de la société aux générations futures.

Avec l'avènement des nouvelles technologies, les choses ont drastiquement changé et en si peu de temps. Le dicton mentionné plus haut a commencé à vaciller à nos yeux et aujourd'hui, on a l'impression que l'édifice s'est totalement écroulé ! Vous n'avez qu'à regarder autour de vous. Aujourd'hui, on peut enregistrer les appels téléphoniques, les émissions radio, les émissions télés et même sa propre voix ! Comme cerise sur le gâteau, on peut aussi les diffuser. Quel jeune élève africain aurait imaginé cela quarante ans avant ? On a l'impression que même les livres et films de science-fiction sont pris au dépourvu.

Les paroles ne s'envolent plus, elles peuvent rester comme les écrits. Ce qui passe à la télé n'est plus a jamais perdu. On peut y revenir quelques jours plus tard. Les habitudes s'incrustent peu à peu dans les mœurs de nos contemporains. On peut aujourd'hui filmer un terrain que vous voulez acheter et vous le présenter même si vous vivez à l'autre bout du monde. Une femme qui a vu une chaussure au marché et veut l'acheter peut filmer la chaussure et le montrer à son fils sans bouger, si par exemple elle veut l'inviter à faire son choix.

Par le passé, elle devait rentrer à la maison et revenir avec son fils qui devait regarder les couleurs de la chaussure avant de se décider.

Un vieillard qui meurt peut laisser une bibliothèque immense s'il le veut car il suffit d'enregistrer ses paroles, de procéder à un enregistrement vidéo ou de photographier ce qu'il veut conserver. Avec moins de 10000 FCFA (20 $ ou 20 euros), vous avez tout le matériel nécessaire. Certains sont allés jusqu'à penser que si voulez cacher quelque chose à un africain, alors vous pouvez le mettre dans un livre. Avec la prolifération des livres audio, chacun sait que cette réalité sera bientôt révolue.

Le défi que pose les nouvelles technologies c'est leur appropriation et l'application au besoin quotidien des humains dans leur contexte. A première vue, on a l'impression que l'outil ne sert à rien, mais quand on s'y familiarise, on se rend compte qu'il peut

servir à plus d'une chose, quand vous êtes
bien intentionné et l'utilisez dans un
cadre légal.

Chapitre 1

Origine et stratégies

A l'origine, vous avez le désir naturel de
chaque être humain d'acquérir le savoir. On
veut apprendre une nouvelle langue,
apprendre un nouvel emploi ou une nouvelle
discipline. Nous avons remarqué que
certaines personnes qui utilisaient la
stratégie d'enregistrement voulaient
apprendre la langue anglaise.

L'un d'eux utilisait le site web Google
traduction pour traduire un mot ou une
expression et procédait ensuite à une capture
écran sur ordinateur, pour loger le fichier
obtenu dans un dossier de l'outil Dropbox.
Au bout de quelques mois, il pouvait en

pressant sur la touche Impression Ecran du clavier de l'ordinateur, constituer un document de plus de 300 pages qu'il révisait de temps à autre. Il enregistrait (en se servant de son téléphone Androïde ou de sa tablette) aussi les émissions des chaînes radio comme BBC, VOA pour les réécouter plus tard en faisant attention aux constructions de phrases, à l'utilisation de certains termes et aux nouveaux mots. Il fallait juste avoir une carte mémoire dans le téléphone, en plus d'un cordon pour relier le téléphone ou la tablette à un ordinateur. Dans la Play Store, il avait téléchargé l'application Radio FM pour capter les chaînes de radio et enregistrer les émissions. Les fichiers audio obtenus avaient une bonne qualité sonore et les logiciels comme VLC, Windows Media Player ou Quick Time Player pouvaient les lire aisément.

Windows dispose du logiciel Snipping Tool (Outil Capture d'écran) pour les captures d'images à l'écran ou du logiciel Sound recorder (Enregistreur vocale) pour enregistrer le son du milieu ambiant.

D'autres voulaient améliorer leur expression orale et écrite en français ou en anglais. Comme nous avons de nos jours des chaînes de télévision qui diffusent en ligne, ces derniers allaient sur YouTube pour enregistrer les émissions de débats, les documentaires, les journaux télévisés pour affiner l'expression. Les logiciels de capture vidéo comme Snag It font l'affaire et vous produise des fichiers de très bonne qualité.

Pour avoir les informations que les journaux diffusent sur internet, certains faisaient aussi recours à la stratégie d'impression écran, mais passaient aussi par les navigateurs web comme Google chrome. Ici, la touche F12 de votre ordinateur vous offre les options d'enregistrement de la page web en tant que fichier PNG. Un navigateur web comme UC Browser permet d'enregistrer directement une page web en tant que fichier PNG.

Pour les novices qui sont engagés dans les études de design, les créations présentes sur les emballages de produits et les affiches servent d'inspiration. Pour les avoir, il faut les capturer quand ces derniers sont à l'écran de l'ordinateur ou ailleurs. Il faut chercher les bons sites web qui ont des bons designs et s'en inspirer. Apple, Microsoft, Colgate, General Motors, AIGA, Banque mondiale, FMI, Francophonie sont des exemples de sites web ayant un design remarquable qu'on peut capturer.

Quand vous appuyez sur la touche d'impression Ecran, une photo de tout ce qui est présent à l'écran est stocké dans le presse-papier. Vous pouvez coller le contenu du presse-papier dans un fichier Word, dans un fichier Powerpoint, dans le logiciel Paint, dans le logiciel Photoshop avant de procéder à l'enregistrement. Vous avez donc le choix entre plusieurs types de fichiers. Si vos fichiers de capture sont des images, vous pouvez les compiler en un seul fichier pdf via le logiciel Acrobat Professionnel.

Les nouvelles fonctionnalités d'enregistrement des téléphones androïdes et tablettes ont permis de mener certaines activités différemment. Les domaines d'application sont divers et variées. Nous allons évoquer quelques-uns dans les lignes qui suivent.

Enregistrer les messages à l'église et les chants avec mélodies

Par le passé, j'allais à l'église et luttait comme je pouvais pour saisir le message de prédication du jour. L'envie de le réécouter était présent, mais une fois le service achevé, j'avais de la peine à me souvenir des paroles du pasteur. Avec mon petit téléphone androïde, j'ai plusieurs fois enregistre tout le message pour le réécouter en semaine à volonté. J'ai vu en cet outil un moyen efficace pour bâtir les valeurs éthiques de notre société. J'ai pu enregistrer de très beaux chants que j'écoutais il y a de cela 30 ans et que je n'ai pas retrouvé sur YouTube. Quand c'était le cas, grande était ma joie de voir qu'on peut même retrouver des mélodies populaires qu'on croyait perdu et qu'on n'espérait plus entendre. A une époque, les concerts donnés par des chorales étaient légions dans certains coins du Cameroun. De nos jours, soit ces évènements sont rares, soit vous n'avez pas le temps matériel pour y assister. Les enregistrements venaient généreusement combler ce gap avec tous les effets bénéfiques de la musique pour l'âme. J'invite mes concitoyens à utiliser ces outils sans ménagement pour s'édifier et agrémenter leurs moments de loisir.

Enregistrer en salle de cours et pendant les réunions

Le regard que l'on porte sur les études change quand on peut enregistrer un cours pour le réécouter. L'apprenant peut mieux se concentrer et assimiler les cours, noter les questions à adresser à l'enseignant, déceler les erreurs, comparer ses cours à d'autres enseignements. La formation est certainement moins pénible et moins couteuse. Ceci peut aussi s'appliquer aux réunions dans les entreprises. Le suivi des décisions est plus facile, de même que la production du procès-verbal.

Une version audio de la loi, la constitution, le code pénal, le code du travail, le code de la famille

Les africains très versés dans les traditions orales accueillent très positivement la vulgarisation des outils d'enregistrement. Par le passé, chacun cherchait à mettre par écrit les messages de nos communautés pour les conserver pour la postérité. C'était la loi du tout ou rien. Ceux qui n'avaient pas encore un alphabet devaient continuer à évoluer sans mémoire et sans passé. Puisque nul n'est censé ignorer la loi, nous nous demandons à quand les versions audio des lois fondamentales de nos pays africains ? A quand ces lois dans les langues maternelles ? Quand auront nous nos académies orales et nos banques de données avec les fichiers audio de tous les textes disponibles pour tous ? A quand les versions audio de nos manuel scolaires ? Nous pouvons même migrer nos systèmes d'évaluation vers la forme orale où les épreuves sont stockés dans des fichiers audio. Nous savons que l'audio a les avantages de conserver le ton, la mélodie et l'accent du parler.

Testament ou héritage audio

Dans l'héritage audio qu'un parent laisse à la postérité, vous avez les secrets des plantes médicinales, les stratégies pour venir à bout des malfaiteurs, des abeilles ou des fourmis, les méthodes de préparation des mets, les antécédents familiaux héréditaires, les valeurs de travail ou de travail en groupe, d'investissement, d'épargne, les origines de certains problèmes et de certaines pratiques, les pratiques qui accompagnent les naissances, les funérailles et l'entrée du jeune dans la vie adulte, c'est ce que nous appelons la sagesse populaire. Quand on vous raconte une histoire, vous pouvez vous-même tirer des leçons et savoir à quoi vous en tenir. La triste réalité c'est que les vieillards continuent de mourir et emportent toute cette richesse dans la tombe.

Je me souviens toujours des phénomènes de coupeurs de route dans les années 2000. Les malfrats interceptaient les bus de transport et dépouillaient les hommes d'affaires d'importantes sommes d'argent. Le transfert d'argent a permis d'apporter une solution à ce problème. Un homme d'affaire peut transférer les fonds à Douala depuis

Bafoussam, puis effectuer le voyage pour récupérer son argent à destination.

Les personnes impliquées dans les tontines se faisaient braquer dans les taxis ou en pleine réunion parce qu'ils transportaient du cash sur eux. Pour contourner ce phénomène, les transactions électroniques ont été utilisés.

Comme tout ceci n'est documenté nulle part, la nouvelle génération devra les revivre et trouver par elle-même la porte de sortie.

Les témoignages audio (60 ans de mariage, 50 ans de foi, 20 ans de service)

Un principe que je crois très profondément c'est qu'une deuxième personne ne doit pas succomber devant une difficulté qu'une première personne a pu surmonter. Une personne qui a traversé certaines épreuves peut les partager avec les autres pour les aider. Dans la plupart des cas, nous ne savons pas ce qui s'est passé avant nous, quels sont les problèmes que les ainés ont rencontrés, quels sont les solutions qu'ils ont trouvées etc.

Les secrets qui ont aidé à parvenir au succès intéressent toujours les jeunes générations. Certaines questions reviennent constamment : Quels sont les secrets des couples ayant 50 ans de vie commune ? Quels sont les secrets des employés ayants 25 ans d'expérience professionnelle ? Qu'est ce qui a poussé les uns et les autres à continuer face aux difficultés ?

Interview ou conversation audio

Plusieurs fois, je me suis assis pendant des heures pour échanger avec les personnes exerçant dans les domaines comme le génie civil ou la médecine. La conversation avait lieu dans une salle, dans un bureau, dans une voiture ou en plein air. Ces conversations étaient très enrichissantes mais j'avais tout oublié quelques heures plus tard. Quelle perte !

Si les conversations lors des réunions de villages étaient enregistrées, ne pourrait-on pas les utiliser pour enseigner la langue maternelle dans les cours d'alphabétisation en Afrique ?

Audio et préparation du cours ou d'un test

Les répétitions orales pour le speech d'une soutenance peuvent se faire avec un enregistrement audio et en plusieurs passes. Après le premier enregistrement, on réécoute pour voir s'il y a les aspects à améliorer ou à ajouter, si le timing est respecté, si le ton de la voix est bon et si les phrases sont bien articulées. On peut faire la même chose quand on a une présentation à faire, et quand on a un exposé à présenter. Il m'est arrivé quand il fallait enseigner un cours d'infographie d'enregistrer tout le cours pendant deux heures, le réécouter en notant ce que j'ai oublié ou ce qu'il faut changer.

Audio et liste des tâches de la journée

L'audio peut-il aider à ce niveau ? oui ! Quand la liste des tâches à faire est trop longue, de même que la liste des remarques à modifier par rapport à un travail, il serait plus efficace de les enregistrer au lieu de passer le temps à se répéter.

Je pense ici aux personnes qui sont vraiment acculés par le travail et sous forte pression. Je crois que ces derniers peuvent utiliser l'audio pour enregistrer les rendez-vous, les tâches de la journée ou de la semaine, les courses à faire, les emails à envoyer. C'est la même chose pour ceux qui réfléchissent très rapidement parce que l'audio peut aider à conserver une idée ou une solution à un problème qui vous passe par la tête, sans forcément interrompre ce que vous êtes en train de faire.

Une personne qui n'est pas très portée à écrire et qui a les tâches à confier à des subalternes à la maison, dans le lieu de service ou même dans un chantier de construction peut les enregistrer et les mettre à la disposition de ces derniers. Le fichier audio constituera un élément efficace d'évaluation le moment venu. On pourra ainsi éviter les oublis qui sont très fréquents.

Plusieurs fois, je me suis assis avec des ainés dans le lieu de service pour apporter des remarques par rapport à un travail de design. On pouvait passer jusqu'à deux heures souvent dans une conversation orale où on te dit de changer ceci ou cela, sachant que c'est impossible de retenir tout ce qui sera dit. Je me demande à quoi sert un tel exercice si les paroles ne sont pas enregistrées. Les changements sont faits plus tard, mais après plusieurs séances de travail.

Audio dans l'organisation des cérémonies, des séminaires, consignes pour les participants

J'aborde ici un domaine où j'ai très souvent noté une sorte de relâchement alors que l'audio vaut mieux que rien. Dans les années 2000, nous avions l'habitude de tenir des réunions de 5 à 10 heures pour organiser les cérémonies tels les séminaires. Après tout ce temps, non seulement rien n'était enregistré, mais les idées et les décisions prises lors de ces rencontres étaient difficiles à implémenter. Les responsables qui sont venus après nous n'ont pas pleinement bénéficié de notre expérience. Les choses auraient été différents si nous avions laissé des traces, comme des enregistrements au moins.

Très souvent, les participants arrivent d'un autre pays pour deux ou trois semaines de séminaire dans un centre, mais aucune disposition n'est donnée comme modalité, peut-être parce qu'on pense que cela va de soi, ou alors on se dit que si les participants ont un besoin, ils peuvent poser des questions ou faire une requête. On ne leur dit pas comment faire pour se baigner ou laver ses habits, comment obtenir de l'eau chaude si l'on ne supporte pas l'eau froide, où sécher les habits, que faire si on a une santé défaillante, que faire si l'on a des allergies, que faire pour appeler les siens dans le pays d'origine, que faire pour avoir la monnaie locale et faire des courses, comment manipuler les appareils disponibles, quelles sont les particularités du coin en termes de civilités etc. Il y a tellement de petites choses qui sont importantes mais qu'on peut facilement oublier. On peut simplement les enregistrer dans un fichier audio et le mettre à la disposition de tous les participants pour gagner du temps, sans attendre qu'un incident vienne nous rappeler ce qu'il faut faire.

Dans la jungle, là où le mal règne en maître absolu !

Ici, personne ne fait confiance à personne. Quand vous décrochez le téléphone à Yaounde, vous allez dire que vous êtes à Douala. Si c'est votre employeur vous appelle à 9 heures vous allez lui dire que vous êtes déjà au bureau alors que vous êtes encore chez vous, et il va vous demander de filmer le bâtiment principal des bureaux pour lui envoyer par WhatsApp, Twitter ou Facebook dans les cinq minutes qui suivent.

Quand votre patron vous appelle, il enregistre la conversation pour vous piéger et après vous êtes viré ! Vous conversez dans une salle avec une personne qui a activé la webcam du laptop pour enregistrer toutes les conversations.

L'employeur demande à un autre collègue de vous mettre sur écoute et de vous espionner au maximum pour recueillir tous les secrets professionnels que vous avez.

27

Quand la sale besogne sera suffisamment avancée, il vous mettra à la porte et l'entreprise continuera sans vous.

Ici, c'est tant pis pour vous si vous vous sentez espionné. Les plaintes, pétitions et autres procès ne mènent nulle part.

Les enseignants qui débitent des choses erronées en salle de cours aux apprenant en pensant qu'ils n'ont aucun moyen de savoir si l'enseignement est faux doivent faire attention. Certains pensent même qu'il n'y a aucune preuve qui montrent qu'ils ont dit ceci ou cela aux apprenants. Il suffit juste pour un apprenant de vous mettre secrètement sur écoute et c'est très facile de nos jours.

L'histoire de cet enseignant qui demandait de l'argent aux étudiantes pour leur accorder le succès a défrayé la chronique à Yaoundé. Pour mettre fin à cette pratique, une étudiante l'a mis sous écoute et a balancé le

fichier au public. A malin, malin et demi !
Vous pouvez imaginer la suite.

Un dicton français le dit si bien, les murs ont
des oreilles ! Aujourd'hui, ces mêmes murs
ont déjà les yeux. Les caméras de
surveillance dans les édifices sont là pour le
démontrer.

Disons même qu'avec l'avènement de tels
outils, les lois qui encadrent leurs
utilisations doivent être publics, ce qui n'est
pas toujours le cas.

Exercices de traduction dynamique

Vous mettez sur ordinateur un message de
03 heures de temps en utilisant le logiciel
VLC par exemple. Le message est en langue
A (Anglais ou français). Vous lancez en
même temps l'enregistrement audio. Après
une phrase, vous arrêtez et vous donnez la
traduction dans la langue B (Français ou
anglais). A la fin de la traduction, vous
laissez le message continuer. L'exercice est

intéressant si vous avez fait les études en français et vous traduisez du français vers l'anglais. Il est aussi intéressant si vous avez des fichiers audio de prédications, des débats télévisés, des documentaires, les interviews etc.

La vitesse de saisie à l'écran et le temps mis pour exécuter une tâche

Dans un contexte de formation professionnel ou public, vous pouvez activer un logiciel d'enregistrement vidéo de l'écran d'ordinateur pour connaitre le temps mis pour saisir un texte, la stratégie et le temps d'exécution d'une tâche. Le formateur doit juste lancer le logiciel sur l'ordinateur de l'apprenant, puis le laisser travailler jusqu'au bout. A la fin de l'heure l'apprenant pourra récupérer la vidéo et le corriger. Cette méthode permet de se passer des logiciels qui calculent la vitesse de saisie ou servent de chronomètre pour un travail.

L'audio pour les aveugles

La valeur du fichier audio n'est plus à démontrer si nous voulons combattre l'exclusion et les ségrégations de toutes sortes que les non-voyants subissent au quotidien dans notre société.

C'est le moyen par excellence et l'un des plus exacerbé de communication des non-voyants avec les autres humains. Par ce canal, les aveugles ont accès à l'information et aux autres ressources qui peuvent les aider à améliorer leurs conditions de vie.

Dans le logiciel Adobe Reader, une fonctionnalité de lecture audio du texte permet de mettre le contenu du fichier à la disposition des aveugles.

Dans le moteur de recherche Google, vous pouvez aussi télécharger des logiciels qui convertissent les textes en paroles que vous pouvez enregistrer sous forme de fichier audio.

Ces fichiers sont souvent disponibles sous forme d'application pour Androïde pour les téléphones et les tablettes.

L'apport inestimable
des captures d'écran

Les captures d'écran m'ont beaucoup aidé quand il fallait apprendre à travailler avec un logiciel. Quand on me montrait une astuce dans un logiciel, je lançais l'enregistrement vidéo de l'écran quand les choses étaient encore fraîches dans ma mémoire, puis je sauvegardais le fichier obtenu au format MP4.

Dans d'autres cas, il fallait enregistrer un problème que je rencontrais pour l'envoyer à une autre personne plus expérimentée. La même stratégie s'avérait très efficace.

Pour faire discret

Je recommande l'audio à ceux qui veulent dissimuler des informations pour les mettre à l'abri du grand public. Vous pouvez y stocker les mots de passe, les noms des lieux secrets de votre maison où vous avez gardé tel ou tel objet, et même les noms difficiles à prononcer

Ce n'est pas encore dans les habitudes des intrus de fouiller des informations dans les fichiers audio. Si en plus vous utilisez un code pour enregistrer à partir de la huitième minute, vous contribuez à renforcer la sécurité de votre mot de passe au lieu de le stocker dans un navigateur web.

Des exemples pour s'inspirer

Nos médias foisonnent de débats, documentaires, où nous pouvons apprécier la façon de commencer une introduction, de développer un thème, d'utiliser certains mots dans une phrase, de construire une conclusion, de faire une présentation etc. Il est évident que ceux qui captent de tels fichiers vont certainement s'en inspirer pour améliorer leurs performances en création littéraire et leurs cultures littéraires.

C'est la même chose pour les contenus de sites web et même les livres en ligne que vous pouvez obtenir par capture écran pour améliorer vos performances.

Récapitulatif

1-Systèmes d'enregistrement audio

-Enregistrement audio de la voix sur ordinateurs, sur smartphone et tablettes.

-Sauvegarde émissions radio sur smartphones et tablettes.

-Enregistrement audio sur ordinateur via les logiciels comme Audacity ou Adobe Audition

2-Systèmes d'enregistrement vidéo

-Enregistrement vidéo via les appareils photo des smartphones ou tablettes.

-Enregistrement vidéo via la webcam des ordinateurs portables.

Enregistrement vidéo du bureau via les logiciels de capture vidéo comme Camtasia, Snag It, etc.

3-Systèmes de captures d'écran

-Appuyer sur la touche Impression Ecran du clavier pour sauvegarder le fichier dans Dropbox ou via un logiciel.

-Capture de toute la page web qui est sauvegardée comme une image. Un plug-in peut aider à faire ceci ou un navigateur dédié.

-Capture via les logiciels tel Outil Capture d'Ecran.

Chapitre 3

Avantages et inconvénients

Les captures ou les enregistrements présentent certes des avantages mais aussi des inconvénients.

***Parmi les avantages vous avez les
suivantes :***

-L'expression orale est plus aisée et plus
prolifique que l'expression orale parce
qu'elle est sujette à moins de contraintes. On
peut donc facilement produire des contenus
audiovisuels à moindre coût et en peu de
temps.

-Le matériel d'enregistrement est facilement
transportable.

-Les fichiers audiovisuelles permettent de
capter et d'assimiler plus vite les
connaissances ou informations. Un président
africain préférait se faire lire le journal à
haute voix par un tiers et j'imagine que
c'était certainement pour gagner du temps.

-L'audio a l'avantage de conserver le ton, la
mélodie et l'accent du parler.

-Les logiciels sont gratuits et le matériel
d'écoute peu onéreux.

-Possibilité de lecture en boucle des fichiers

-Possibilité de lire plusieurs fichiers présents dans un dossier les unes après les autres.

-On peut extraire juste une portion d'un fichier son ou vidéo pour exploitation.

-Dans certains cas, les captures écrans permettent de se passer des contraintes de l'enregistrement d'un fichier. Certains outils attribuent automatiquement un nom au fichier capturé. C'est le cas avec Dropbox ou les navigateurs web comme UC Browser ou Google Chrome.

Les inconvénients existent aussi :

-Les fichiers audio ou vidéo sont plus lourds que les fichiers de texte.

-Il est plus difficile d'aller à un endroit d'un enregistrement que dans un texte.

-Une formation à l'utilisation des logiciels et à la manipulation des fichiers audiovisuels peut être nécessaire.

-Dépendance de l'énergie électrique

-La réticence des personnes qui ont peur de se faire espionner

-Les utilisations sont peu connus ou peu répandus.

-Si le volume du son est bas, il n'est pas aisé de l'augmenter. (Un logiciel gratuit comme Audacity ou payant comme Adobe Audition permet d'augmenter le volume du son.)

-Il est difficile d'éditer une image obtenue par capture écran avec nos logiciels classiques.

-Un outil comme Dropbox vous permet d'avoir des captures écrans mais consomme beaucoup de ressources internet.

Chapitre 4

Partage de bonnes pratiques

1-Une capture m'a aidé dans Facebook à filmer les formules qui permet de faire des recherches efficaces avec l'outil GREP dans le logiciel Indesign. Comme je suis abonne au groupe ''The treasures of GREP'' sur Facebook, un membre du groupe a réalisé une capture des formules et l'a posté pour que les autres en profitent.

2-Quand je travaille sur un fichier situé dans un emplacement très difficile d'accès, j'utilise les captures écran pour mémoriser la localisation du fichier au lieu de le faire dans Windows, ce qui consomme les ressources de l'ordinateur. Le chemin d'accès est très complexe si je dois passer par trois emplacements et plus pour arriver à un fichier. A d'autres occasions, j'affiche la barre de tâches Bureau de Windows et l'utilise pour dérouler le chemin qui va jusqu'au fichier, puis j'effectue la capture d'écran.

3-Pendant les cours de formation que nous recevons de temps en temps, les captures écran m'aident à mémoriser les étapes du travail quand le formateur évolue très rapidement et que je ne suis pas à la ligne. J'y reviens plus tard quand je veux recommencer ce que le formateur nous a montré.

4-En juin 2018, j'ai découvert une fonctionnalité de Google traduction qui permettait de sélectionner un titre d'un texte en anglais sur un site web et d'afficher directement dans une fenêtre dans la même page la traduction française. J'ai trouvé cela intéressant et pour pouvoir y revenir plus tard, j'ai effectué une capture écran. Sur l'image obtenue, j'ai aussi l'URL du site web que je peux utiliser pour y revenir et je découvre la signification d'un mot anglais qui m'était inconnu jusque-là.

5-Quand je ne suis pas satisfait par la traduction d'une phrase sur le site Google traduction, j'opte pour la recherche des définitions des mots difficiles de la phrase. Si vous saisissez un mot en Anglais dans le site web, Google traduction vous donne les définitions anglaises du mot, puis les synonymes avant d'en donner la traduction. J'aime bien prendre une image de la page web à ce point pour mieux comprendre les possibilités d'utilisation du mot en question.

6-Dans le cadre du travail, je dois monter des documents comme les rapports annuels ou les calendriers. Quand je tombe sur un design qui peut m'inspirer dans cette activité de création, je filme la page web qui le contient. Je peux plus tard apprécier les utilisations des couleurs, les proportions et les positions des objets, les principes du design qui sont utilisés pour produire tel ou tel effet, etc.

7-Dernierèment, j'ai cherché à traduire le mot ''Canopy'', mais je ne comprenais pas toujours ce que le mot signifie. Je suis donc allé dans Google image pour lancer la recherche, ce qui m'a permis d'avoir des images de l'objet. J'ai donc filmé la page pour garder le sens du mot.

8-Dans mon navigateur web, j'ai stocké les adresses des pages web comme des marques-pages pour les consulter plus tard. Je peux bien sauvegarder les marques pages pour les utiliser, mais je préfère les afficher et effectuer une capture pour avoir tous les 120 liens sur une seule image.

9-Sur YouTube, il m'arrive de tomber sur une vidéo intéressante que je veux visionner plus tard, parce que je n'ai pas assez d'unités pour le faire présentement. Je prends donc une capture de la page, ce qui me permet de visionner ou de télécharger la vidéo plus tard. Ce qui m'intéresse sur l'image obtenue c'est le texte que je peux saisir dans la zone de recherche du site YouTube pour retrouver la vidéo.

10- J'ai récemment découvert une fonctionnalité intéressante dans la recherche dans Word 2016. Quand vous lancez la recherche d'un mot, toutes les occurrences du mot se présentent dans le panneau gauche du logiciel, ce qui vous permet d'aller d'un mot à l'autre pour l'éditer. Comme j'avais beaucoup à faire j'ai pris une image de la page par capture écran. Je suis revenu plus tard pour explorer les possibilités d'édition des textes avec les outils Rechercher et Rechercher-Remplacer dans Word.

11-Pour nous les camerounais qui avons rarement accès a internet, les captures nous aident à prendre des informations en ligne pour les traiter hors connexion. Les tarifs d'accès à internet sont toujours prohibitifs, 20 ans après l'entrée du réseau des réseaux dans notre pays. J'ai fait une capture des dimensions standards de livre qu'Amazon accepte pour préparer mes fichiers et ensuite me connecter pour importer les fichiers en ligne. Je prépare les textes dans Word et la page de couverture dans Photoshop ou Indesign, en prenant le soin de respecter les dimensions exactes, les types de fichiers à soumettre et les résolutions requises pour les images.

Pour avoir dans une seule image tous les livres que j'ai publié sur Amazon, je lance la recherche dans la zone de recherche du site en saisissant mon nom, puis je fais une capture d'écran quand le résultat s'affiche.

12- Une autre expérience assez intéressante de capture d'écran se fait via le logiciel VLC quand une vidéo est en cours. Vous devez afficher le bouton ''Prendre une capture Ecran'' sur l'interface du logiciel. Il suffit de cliquer sur ce bouton pour que le logiciel

VLC enregistre l'image en cours sur la vidéo dans un emplacement de l'ordinateur.

Une chose qui m'a marqué ici c'est qu'avec les vidéos en haute définition vous avez des images qui ont de très bonne résolutions.

13- J'avais de la peine à insérer un tableau très complexe dans Indesign depuis le logiciel Word et comme le temps me tenais à la gorge, j'ai fait une capture écran du tableau dans Word. Je n'ai pas eu besoin de rogner l'image capturée. Grande a été ma surprise de réaliser que l'image obtenue que j'ai importée dans Indesign se présentait parfaitement dans le fichier pdf obtenu et même a l'impression.

14- Avec le navigateur web UC Browser, j'ai l'habitude d'afficher un tutoriel qui peut normalement peut tenir sur 10 ou 20 pages, et je peux juste l'enregistrer comme image au format PNG. Le logiciel assigne automatiquement le titre de la page web au nom de fichier de l'image à enregistrer. Je suis à l'abri des problèmes d'images qui ne s'affichent pas quand j'essayais d'ouvrir une page web enregistrée hors connexion.

Cet outil m'a aidé a sauvegarde des milliers de pages des sites web comme Wikipédia, Wiki how etc.

L'enregistrement ne réussit pas à tous les coups, c'est pourquoi je vérifie toujours le fichier obtenu. Il arrive que l'enregistrement se fasse à moitié, ou alors que le fichier obtenu soit tout simplement rempli de noir. Il faut alors recommencer tout à zéro.

15-La capture d'écran dans le navigateur Google chrome se fait en appuyant sur la touche F12 quand la page web à enregistrer s'affiche. Quand vous enregistrez la page web le navigateur attribue un nom au fichier et l'enregistre au format PNG. Cette technique m'est utile quand je veux sauvegarder mes emails en tant qu'image.

16-Dans le navigateur Chrome, j'ai la possibilité d'enregistrer les mots de passe que j'utilise pour accéder à divers services sur internet. Je peux aussi afficher tous ces mots de passe et effectuer une capture écran pour les conserver dans une seule image. Je fais cela parce que c'est un principe pour moi d'avoir mes données au moins a deux endroits différents. Le dicton qui recommande de ne pas garder tous ses œufs dans un même panier s'applique ici.

17-En tant que Graphiste impliqué dans les travaux d'infographie au quotidien, j'utilise les captures vidéo lors des séances de création avec les logiciels Photoshop ou Illustrator. Un jour, après plusieurs manipulations, j'ai obtenu un design tel une forme fleurie. Comme le processus était très long, j'ai utilisé un logiciel de capture vidéo pour enregistrer toutes les étapes de création de la forme, ce qui me permettait d'y revenir s'il le faut. Je pense que les tutoriels que nous retrouvons sur YouTube utilisent le même principe.

Dans les cas où le processus n'est pas très compliqué, je peux enregistrer les étapes en tant qu'images individuelles et les compiler ensuite sous la forme d'un ''Infographic''.

18-Pour ceux qui participent aux tirages comme celle de la carte verte pour les Etats-Unis, je recommande vivement les captures d'écran. Quand vous remplissez vos données et que le site web vous donne un récapitulatif des informations, faites une capture et conservez cette capture. Au moment de l'interview dans un pays comme le Cameroun, les agents de l'ambassade peuvent vous demander de fournir un document qui prouve que vous avez rempli le formulaire convenablement. Si vous n'avez pas ce document, vous n'aurez pas de visa même si tous vos papiers sont corrects. Si vous voulez vous plaindre en disant qu'un tel document ne figurait pas sur la liste des éléments à fournir pour obtenir un visa, personne ne sera là pour vous écouter.

19- Les captures écrans m'aident à sauvegarder mes découvertes. Dernièrement, j'ai su que la calculatrice de Windows pouvait effectuer les conversions d'une unité à l'autre. Dans mon travail de chaque jour, je suis constamment appelé à effectuer des conversions d'une unité à l'autre. (Du pouce vers le centimètre par exemple) Il y a cependant des paramètres à configurer. Pour me rassurer que je ne vais pas les oublier, je filme ces paramètres et les conserve à un endroit où je peux y revenir si je ne me retrouve pas.

Si je veux savoir combien vaut 1916 miles en kilomètres, je peux afficher la calculatrice de Windows et cliquer sur le menu ''affichage'', puis cocher les options ''scientifique'', ''regroupement des chiffres'' et ''conversion des unités''. Dans le panneau de droite qui s'affiche je choisis ''longueur'', ''Mile'' et ''kilomètres''. Ce qui me restera à faire c'est de saisir la valeur 1916 dans le deuxième champ à partir du haut dans le panneau de droite pour que la valeur 3083.503104 en kilomètres apparaisse dans le champ située plus bas.

La contrainte d'être constamment sur internet n'existe plus avec les captures écran. Je vais très souvent dans Google image ou dans Pinterest pour rechercher des exemples de carte de visite, affiches, brochures, badges, carte professionnel, logo, bannières qui peuvent m'inspirer et je peux sauvegarder tout ceci dans l'ordinateur pour éviter toute surprise désagréable. Il arrive parfois qu'internet ne soit pas disponible ou alors que le débit soit très lent pour mener de telles recherches.

20-L'image obtenue quand vous appuyez sur la touche Impression Ecran se loge dans le presse-papier du logiciel Word. Vous pouvez même voir une forme miniaturisée quand une page est ouverte et le presse-papier affiché dans le panneau de gauche. Vous pouvez donc coller l'image capturée depuis le presse-papier ou en utilisant le raccourcis-clavier CTRL+V. Il faut cependant noter que le nombre d'images que le presse-papier accepte est très limité. Il est même possible que la plus récente image capturée écrase la précédente. Dans certains cas, le logiciel Word vous dira qu'il est impossible d'ajouter l'image que vous avez capturé dans le presse-papier.

21-Dans le logiciel Photoshop, la capture prend les dimensions de l'écran d'ordinateur et si vous créez un nouveau document par la suite, Photoshop lui attribue automatiquement les dimensions de l'écran. A chaque fois que vous insérez une image capturée dans Photoshop, celle-ci se place sur un nouveau calque. Vous pouvez donc accumuler plus de 100 images dans un seul fichier et ensuite les exporter en fichiers individuels (JPEG, PNG) à l'aide d'un script. Ce Logiciel peut aussi créer un slideshow à partir des mêmes images.

22-L'Outil Capture d'écran de Windows est très pratique pour les captures quand vous ciblez une partie de ce qui s'affiche sur le bureau. Il vous permet de choisir librement la zone à capturer. J'ai l'habitude de placer une icône du logiciel dans la barre des tâches pour l'avoir à portée de main quand il faut capturer une bannière de site web par exemple. Une des particularités de cet outil c'est qu'il peut capturer une image présente dans une vidéo en cours à l'écran de votre ordinateur.

23-Les captures d'écran sont très utiles quand je rencontre un bug au niveau logiciel dans mon travail. Très souvent, une boîte de dialogue affiche un message d'erreur que je ne peux pas copier en faisant une sélection puis en appuyant sur la combinaison clavier CTRL+C comme d'habitude. La seule chose qui me reste à faire dans ce cas c'est de faire une capture écran du message d'erreur pour l'envoyer aux développeurs de l'application par email.

Quand je suis confronté à une attaque des virus informatiques, je fais aussi une capture vidéo du comportement anormal des logiciels en présence du virus. Je peux montrer la vidéo au technicien informatique pour l'aider à mieux comprendre mon problème et m'aider. La même vidéo peut m'aider plus tard si je veux présenter les manifestations des virus informatiques à une tierce personne.

24-Les pixels ne sont pas visibles dans les images bitmap tels les photos. Ce sont les atomes de ces images. Il faut aller dans les profondeurs avec une loupe pour les voir. Une méthode très simple pour montrer ce qu'est un pixel à mes apprenants était de zoomer sur une image à 500% par exemple dans le logiciel Photoshop, puis de faire une capture écran.

25-Les livres audio sont de plus en plus sollicités de nos jours. Ce serait très particulier d'avoir la version audio du livre d'un auteur avec la voix de ce dernier. Vous pouvez écouter un livre audio en faisant autre chose, ce qui n'est pas toujours aisé pour les livres écrits. Un auteur peut très facilement enregistrer une version audio de son livre à moindre cout et en peu de temps.

26- Les campagnes de sensibilisation des populations contre les maladies infectieuses ou les toxines, d'éducation à la citoyenneté et au patriotisme, doivent tirer le meilleur parti des avantages des outils audiovisuels. Je pense toujours que nous devons utiliser les mêmes outils qui ont servi à détourner la jeunesse pour les ramener. Même les parents à la maison doivent utiliser ces outils pour créer des contenus éducatifs pour les enfants. Il suffit de s'y mettre.

27-Même dans les lecteurs comme Kindle ou Calibre vous pouvez afficher des textes ou des images et capturer tout ou une partie de ce qui s'affiche à l'écran. Il est évident que vous devez installer la version de Kindle qui est supporté par les PC ou les ordinateurs portables. Les captures d'écran sur les smartphones ou les tablettes se font différemment. Nous pensons qu'il est plus indiqué d'utiliser les ordinateurs fixe ou portable pour une telle activité.

28-La dictée et la transcription sont deux domaines de prédilection de l'audio. Dans un monde où de plus en plus de personnes se plaignent des performances écrites des élèves et de la main d'écriture médiocre des élèves, n'est-il pas judicieux de donner certains cours aux élèves dans un format audio qu'ils vont transcrire ou réécrire, ce qui les aiderait à améliorer leurs performances d'écritures ? L'enseignant pourra corriger les fautes qui apparaissent dans le texte écrit ou copié à la main.

29-Un autre exemple ou les captures m'ont aidé à fixer clairement les idées c'est quand je cherchais à constituer une liste des 2500 fichiers PDF présents dans mon disque dur externe. Faire recours à la saisie ou au copier-coller prendrait des jours pour réaliser une telle tâche. Les recherches sur internet m'ont permis d'avoir une idée sur ce qu'il faut faire, mais j'ai pris le soin de sauvegarder les informations par les captures écran. J'ai utilisé les lignes de commande dans MS DOS dans un premier temps pour créer un fichier texte contenant les noms des fichiers. J'ai ensuite utilisé le logiciel gratuit Notepad ++ pour éliminer les éléments dont je n'avais pas besoin dans le fichier en passant par les expressions régulières. Ici encore j'ai fait des tests pour arriver à la bonne formule qui permettait d'obtenir le résultat escompté et les captures me permettait d'enregistrer les informations utiles. En quelques heures, je peux refaire le même exercice en jetant un coup d'œil à mes captures quand le besoin se présente.

Conclusion

Les outils de capture et d'enregistrement représentent une aubaine pour le reste d'entre nous, ceux qui n'ont pas encore le taux de pénétration d'internet des pays développés. Elles permettent de voguer à contre-courant dans un contexte où tout le monde converge vers le cloud. Son utilisation n'est certes pas aisée, mais elle permet tout de même d'entretenir l'illusion de fonctionnement en phase avec le reste du monde.

Ceux qui enseignent, les autodidactes, et même les personnes impliqués dans la production peuvent utiliser ces outils pour remplir efficacement leurs missions. Il est toutefois nécessaire que les populations soient sensibilisées sur l'utilisation de tels outils pour améliorer leur vie de tous les jours.

Adobe Audition

Logiciel d'édition et d'enregistrement des fichiers audio de la suite Adobe

Adobe Indesign

Logiciel de mise en page de la suite Adobe

Adobe Reader

Logiciel de la firme Adobe qui permet de lire les fichiers PDF.

AIGA

Organisme mondiale regroupant les spécialistes de la communication visuelle.

Androïde

Système d'exploitation présent dans les téléphones et tablettes.

Application

(Programme ou logiciel) Désigne une entité informatique du domaine du software (pas d'existence solide) exécutée à la demande de l'utilisateur par le système d'exploitation dans un but précis. Comme exemples vous avez les applications de traitement de texte et de traitement d'images.

Bannière web

Bande supérieure sur une page web où l'on retrouve le plus souvent les messages publicitaires

Barre des tâches

Barre inferieure sur le bureau de Windows où vous pouvez entre autres loger des icônes servant à lancer vos logiciels

BBC

(British Broadcasting Corporation) Chaîne de radio de la Grande Bretagne qui diffuse aussi dans plusieurs pays africains.

Boîte de dialogue

Petite fenêtre de couleur grise qui comporte toujours une barre des titres, et en haut à droite, une croix en forme de ''x'' pour la fermer. Elle apparait suite à une action particulière dans un logiciel ou bien est déclenchée automatiquement par le système notamment. Son rôle est soit d'avertir l'utilisateur suite à une action, soit au contraire d'attendre une action ou une information de votre part.

Bureau

Désigne l'écran avec les icones et l'arrière-plan qui apparait au démarrage de l'ordinateur.

Capture d'écran

Photographie de l'écran à un moment donné.

Chemin d'accès

Représentation textuelle de l'emplacement d'un fichier ou d'un répertoire dans un système de fichiers

Cloud

Informatique en nuage. Système de serveurs reliés par un réseau permettant à leurs utilisateurs de partager et utiliser à distance diverses ressources informatiques comme des fichiers, des logiciels, des capacités de calcul et de la mémoire.

Design

Conception de produits ou services innovants et performants adaptes à la compétition industrielle, aux impératifs de production, de vente, de logistique, d'entretien, au respect de l'environnement, etc.

C'est aussi le résultat de l'activité décrite ci-dessus.

Dropbox

Service web de stockage en ligne de fichiers. Elle est gratuite pour des fichiers de moins de 2 Gigaoctets mais payante si vous allez au-delà de cette quantité.

FCFA

(Franc des colonies françaises d'Afrique) Monnaie utilisée dans certains pays africains ayant le français comme langue officielle.

FMI

Fonds Monétaire International.

Génie civil

Art et techniques des constructions civiles

Google chrome

Navigateur web de la firme Google

Google traduction

Logiciel de traduction de la firme Google

Graphiste

Spécialiste charge du montage des visuels de communication tels les logos, affiches, brochures, etc.

GREP

Outil de vérification, recherche avancée et de modification de textes à l'aide des expressions régulières qui est présent dans le logiciel Indesign de la suite Adobe

Haute définition

Fait allusion aux vidéos de très haute qualité.

Icône

Symbole graphique de petite taille explicitant ce qu'il représente. On parle de l'icône d'un fichier, d'un dossier ou d'un logiciel. Un clic ou un double-clic de la souris sur une icône permet d'activer ce à quoi elle correspond. On trouve notamment des icônes sur le bureau de l'ordinateur.

Infographie

Activité consistant à la création et au traitement de l'image sur un support informatique. On parle de logiciels de traitement d'image ou d'infographie.

Infographie

Image utilisés par les communicateurs pour présenter les produits, entreprises et d'autres types d'information à l'aide des visuels et textes explicatives.

JPEG :

(Joint Photographic experts group) désigne un type de fichiers images très répandus qui sont utilisés pour les photos. C'est le format privilégié de la majorité des appareils photo numériques et des images sur internet parce qu'il gère jusqu'à 16 millions de couleurs. Issu de la famille bitmap, c'est un format compresse avec plus ou moins de perte de qualité selon le taux de compression.

Lien

Objet (texte, image …) d'une page web destine à vous renvoyer sur un autre contenu (procédé hypertexte). Le lien est souvent mis en valeur de façon explicite de manière à éviter toute ambiguïté. Il est souvent souligne et a son survol, la flèche de la souris se transforme en main repliée avec l'index pointant vers l'avant. Un clic gauche de la souris vous emmène sur une autre page ou bien ouvre une nouvelle fenêtre.

Logo

Symbole graphique représentant une société, une association, une organisation. Sur une page web, un clic sur un logo est souvent synonyme de retour à l'accueil du site (Home page).

MP4

Format de fichier des vidéos compressés dans le but de réduire la taille de fichier.

Marque-page

(Encore appelé Signet ou bookmark)
Fonctionnalité du navigateur internet qui
consiste à garder en mémoire les adresses
URL des sites web que vous jugez
intéressant et sur lesquels vous serez
probablement amenés à retourner

Mot de passe

C'est l'identifiant, le deuxième ensemble de
caractères que l'on vous demande de saisir
pour arriver à une page dont l'accès est
réservé. Un bon mot de passe doit contenir
un minimum de 6 caractères (lettres,
caractères spéciaux et chiffres). Lorsque
vous saisissez un mot de passe dans le
champ adéquat, celui-ci est remplacé par
une suite de points pour éviter qu'un tiers
puisse le lire par-dessus votre épaule. Ce
dernier doit rester, bien entendu, secret et
personne n'est en droit d'exiger que vous le
lui donniez.

Moteur de recherche

Machine ou ensemble de machines qui établit des résultats suite à une requête (interrogation saisie dans le champ approprie). Les résultats sont classés par ordre de pertinence selon des critères plus ou moins secrets mis au point par ses concepteurs.

Navigateur web

Logiciel permettant d'afficher les pages web dans un ordinateur.

PDF :

(Portable Document Format) Acronyme qui désigne le fichiers d'extension .pdf de la firme Adobe. Logiciel gratuit de la société Adobe permettant de visualiser des fichiers au format .pdf. Ce format garantit une homogénéité de présentation entre l'écran de l'ordinateur et la copie papier que vous sortez à l'imprimante. De plus, il permet de figer les données au sein du document ce qui rend les modifications plus difficiles. Ce format est très courant sur internet et notamment pour les formulaires administratifs.

Pixel

(Picture element). C'est le plus petit composant d'une image. C'est un minuscule carré d'une couleur donnée. La plupart des écrans, aujourd'hui, comprennent 1024 pixels en largeur pour 768 en hauteur (1024x768px). On parle de pixellisation quand on voit les pixels composant une image suite à un agrandissement excessif notamment.

Play Store

Service web qui offre la possibilité de télécharger les applications pour les téléphones ou les tablettes.

Photoshop

Logiciel de traitement d'images de la firme Adobe

PNG :

(Portable network graphics) Type de fichier image ayant la particularité de supporter la transparence.

Presse-papier

Emplacement où les objets (texte, images, tableaux, dessins etc.) copiés sont stockés en attendant d'être collés dans un logiciel.

Raccourcis-clavier

Combinaison de touches du clavier servant à exécuter une tâche particulière. Appuyer simultanément sur les touches Contrôle (CTRL) et la touche portant la lettre C permet de copier un texte sélectionné.

Script

Fragment de code qui permet d'automatiser des tâches répétitives.

Slideshow

(Diaporama) Présentation de diapositives

Soutenance

Exposé oral de travaux de recherche devant un jury pour l'obtention d'un diplôme, par exemple un doctorat, un master ou une habilitation à diriger des recherches.

Tablette

Ordinateur portable et ultra plat qui se présente comme un écran tactile et permet notamment d'accéder à des contenus multimédias.

Tontine

Réunion de personnes dont chacune convient de jouir viagèrement de l'intérêt de son capital et de l'abandonner ensuite aux survivants qui se partageront les rentes.

URL :

(Uniform resource locator) Cet acronyme fait allusion à l'adresse d'un site web.

VLC

Logiciel permettant de lire des fichiers audio et vidéo de diverses sources.

VOA

(Voice of America) Chaîne de radio américaine aussi communément appelé la voix de l'Amérique. Elle diffuse aussi dans plusieurs pays africains.

YouTube

Service web permettant de charger ou de télécharger les vidéos.

1-Comprendre et utiliser les scripts dans Photoshop : Une approche simplifiée et innovante

2-Scénario unimaginable

3-Twenty years later : (1997-2017) The story and lessons of my atipycal past

4-Understand and use actions in Photoshop. A simplified and innovative approach

5-Initiation à l'informatique par les questions-réponses

6-Premiers pas en milieu professionnel au Cameroun : contexte de la traduction de la Bible et de l'alphabétisation (2014-2018)

7-Vingt ans plus tard (1997-2017) Evocations et leçons d'un passé atypique

8-Voyage en Zambie en Juin 2018 : Atelier de formation en composition de texte

www.ingramcontent.com/pod-product-compliance
Lightning Source LLC
Chambersburg PA
CBHW031247050326
40690CB00007B/984